Between Sound and Silence
소리와 고요 사이

Between Sound and Silence
소리와 고요 사이

Poems of Chang Soo Ko
고 창 수 시집

HOLLYM

Elizabeth, NJ · Seoul

Between Sound and Silence

First published in 2000
by Hollym International Corp.
18 Donald Place, Elizabeth, NJ 07208, U.S.A.
Phone: (908)353-1655   Fax: (908)353-0255
http://www.hollym.com

Published simultaneously in Korea
by Hollym Corporation; Publishers
13-13 Kwanchol-dong, Chongno-gu, Seoul 110-111, Korea
Phone: (02)735-7551~4   Fax: (02)730-5149, 8192
http://www.hollym.co.kr

ISBN: 1-56591-155-5
Library of Catalog Card Number: 00-104685

Printed in Korea

Preface

Reading the opening line of Chang Soo Ko's poem "To Marc Chagall," one catches a glimpse of the poet ambassador at work. An intriguingly plain statement, perfectly modulated, perhaps a trifle sardonic, or at least earnest, addressed to the artist whose canvases have placed their disturbing images deep in the poet's dreams. There was something of a diplomatic crisis at hand, we discover as we read on, a border dispute, the unsettling circumstance of the one-way movement of images between the painter's works and the poet's apprehension of them. The poem negotiates the metaphysical displacements of the relationship, and produces that message of empathetic understanding which closes the poem, redefining in the process the territories at both ends of the transaction.

Chang Soo Ko served the Republic of Korea in many different capacities, in a number of foreign countries, but the reader will also discover in these poems a writer who listens and watches patiently for signs, for indications of an interest to communicate something, from all quarters, foreign or local, present or past. He overhears the Buddhist monk Wonhyo, who lived in the seventh century during the extraordinary flourishing of culture and the arts in the Silla kingdom, as the monk, in turn, might have spoken to a young poet. The monk's meditative phrases, their balanced, scriptural cadences, produce a very different poetic effect than that of the shorter pieces, such as the Chagall poem. They describe the poet's own practice in composing poetry, his effort to attend to the inner voice of the subconscious, and to clear away from the process of composition all vestiges of intent, of desire. A Buddhist poet speaks through the lines of this poem, and it is one measure of the poet's quiet, modest purpose, that it does not matter in the end whether it is Wonhyo or Chang Soo Ko that we hear; or even Chang Soo Ko speaking for Wonhyo in a deliberate choral response to Rilke and his letters to a young poet.

서 문

고창수 시인의 시 '마르끄 샤갈에게'의 첫행을 읽으면서 우리는 시인 대사의 창작현장을 언뜻 보게 된다. 신기하게도 평이한 진술은 완벽하게 변조되어 조금은 냉소적으로 들리지만 적어도 그 진지함은 유지한다. 이 진술은 그 화폭이 시인의 꿈 속에 어지러운 영상을 던졌던 화가에게 보내진다. 시를 읽어감에 따라, 경계선분쟁 같은 외교적인 위기가 있은 듯한, 화가의 작품과 시인의 인식 사이에 이미지의 불안한 일방적 움직임이 있은 듯한 느낌도 받는다. 시는 마침내 그 관계의 형이상학적 혼선을 극복하고 시를 매듭짓는 공감의 메시지를 만들어 내고 그 과정에서 이 대결의 양편에 놓인 영토를 재구획한다.

고창수 시인은 여러 나라에서 여러 직책으로 대한민국 외교관으로 근무하였는데, 독자는 이들 시에서 외국이나 국내, 과거나 현재를 불문하고 모든 곳에서 나타나는 어떤 조짐, 무언가를 전하려는 의도를 포착하려고 시인이 인내를 가지고 경청하고 응시하는 것을 또한 알게 된다. 시인은 신라新羅에서 문화와 예술이 놀랍게 번창하였던 7세기에 살았던 불교스님 원효元曉가 젊은 시인에게 말했을 법한 이야기를 엿듣고 있는 듯하며, 스님의 명상적인 구절, 그 반듯한 독경讀經 같은 운율은 샤갈에 관한 시와 같은 짧은 시와는 아주 다른 시적효과를 자아낸다. 이는 시인의 시작법과 시인이 잠재의식의 내적 목소리를 듣는 시도와 시작과정에서 모든 의도나 욕망의 흔적을 씻어버리는 노력을 엿보게 한다. 한 불교시인이 이 시의 시구를 통하여 말을 하고 있으며, 시인의 조용하고 겸허한 의도로 하여 끝내 우리가 듣는 것이 원효의 말인지 또는 고창수의 말인지는 문제되지 않게 된다. 릴케Rilke와 젊은 시인에게 보내는 편지에 응답하는 유유한 합창으로 고창수가 원효를 대변하는 듯도 하다.

7

This positioning of the poet in and among things, people, places, is worked out into the long poem which ends this collection, the series of meditative responses to the city of Mohenjo-Daro, in Pakistan, where the poet lived for a few years as Korean ambassador. The poet described the process of the poem's growth as a series of local journeys to various points around the city and within it, places where he could see the place in one perspective and then another, where he could hear the different voices and other sounds, and, reflecting on them, discover ways to reflect them in turn through the phrases, lines, and composite sections of the poem.

A number of the other poems in this gathering also record, or register the impressions of other places in Korea and the world. The spareness of their details is balanced by the poet's generosity of spirit, his capacity to allow the gingko tree to establish the temporal sequence of "In a Remote Korean Village," for example, or his own memory of a moment in his childhood to absorb the complete, vast notion of a landscape, in the poem of that title. The poet disappears into the landscape, and the landscape, into the poem.

Chang Soo Ko has other voices, other directions in his poetry as well. The slightly sardonic tone, for example, of the opening of the poem on Chagall explodes into the sheer pleasure of words in "Joke about Culture." It would take someone who has meditated long and well, who has written about various landscapes, and about the whole comprehension of a landscape, to produce such a raucous blast of fun, a Son (Zen) monk's shout of sudden joy. What a line, thoroughly earned by the ones that precede it, is "Whether we consider nature a friend, a foe, or a dump"!

8

사물과 인간과 장소들 사이에 시인의 자리매김은 결국 이 시집 끝에 오는 긴 시, 시인이 수년간 한국대사로 체류하였던 파키스탄에 있는 모헨조다로Mohenjo-Daro에 대한 일련의 명상적 응답으로 수렴한다. 시인은 이 시의 창작과정을 고대도시의 내부와 주변지역의 답사를 위한 여행으로 묘사하였는데, 이 곳에서 그는 여러 관점에서 이 곳을 바라보았고 여러 목소리와 소리를 듣고 이를 명상하여, 이 시의 구절과 행과 복합적인 연을 통하여 차례차례로 그들을 조명해 줄 방법을 발견하게 된다.

이 시집에 수록된 다른 몇 편의 시도 한국과 세계의 여러 곳에 관한 인상을 기록하거나 각인하고 있는데, 그 세부의 여백은 시인의 정신적 너그러움과 "한국의 시골 정원에서"와 같은 시에서 은행나무로 하여금 시간의 흐름을 포착하게 하고, 그의 어린 시절의 한 순간에 대한 기억이 "풍경"이란 제목의 시에서 온전하고 방대한 풍경에 대한 상념을 흡수해 버리도록 용납하는 시인의 역량으로 인하여 균형이 잡히게 된다. 결국 시인은 풍경 속으로 사라지고, 풍경은 시 속으로 사라지게 된다.

고창수는 또한 그의 시에서 다른 목소리와 다른 방향을 제시한다. 샤갈에 관한 시의 첫 부분에서의 다소 냉소적인 어조는 "문화에 관한 농담"에서 오로지 언어의 즐거움으로 터져 나오기도 한다. 오래 그리고 제대로 명상을 해 본 사람, 여러 가지 풍경에 관하여 또한 어떤 풍경의 온전한 파악에 관하여 글을 써 본 사람만이 선승禪僧의 갑작스러운 기쁨의 고함소리 같은 흥겨움이 요란하게 터져 나오도록 할 수 있을 것이다. 그 앞에 오는 행들도 그렇지만 "우리가 자연을 우방, 적 또는 쓰레기통으로 보는지"의 행은 놀랍다.

All of these various strands are woven together into the poem sequence "What the Spider Said." Only a sensitive poet such as Chang Soo Ko would think to listen to the spider, and through that clear voice, cleansed of other intent, say what it is as a poet to be in the world and yet not, suspended in the filaments of words and the careful attention to the figures of sound and sense that take shape in the space between this world and our comprehension of it. Even so vast a space is captured in the two lines that I will use to suspend this particular meditation on the poet and his work. Think about what this means, where the spider says

I seem to grasp the real motives of
The mountain-climbers.

David McCann
Cambridge, Massachusetts

이러한 여러 실오리는 함께 엮어져서 "거미가 한 말"의 연작시로 변신한다. 고창수와 같은 민감한 시인만이 거미에게 귀를 기울일 생각을 할 것이며 다른 의도가 조금도 없는 그 맑은 소리를 듣고, 시인으로 세계 속에 존재하면서 말의 거미줄에 엉키지 않고 또한 이 세계와 우리의 인식 사이의 공간에 나타나는 소리와 의미의 형상에 대한 집념에 엉키지 않고 존재하는 것이 어떤 것인지를 말해 줄 수 있으리라. 이 시인과 그의 작품에 관한 나의 이 명상을 끝맺을 아래 두 행의 시 속에는 막대한 공간이 내포되어 있다. 거미가 하는 이 말이 무엇을 뜻하는지 생각해 보자.

이제 알 것 같다
등산가의 심정을.

매서츄세츠주 케임브리지에서
데이비드 매캔

About the Poet

Chang Soo Ko has won the Modern Korean Literature Translation Award and Poetry Prize in Korea and the Bolan International Merit Award for poetry in Pakistan. He has served his country in Seattle as consul general, and in Ethiopia and Pakistan as ambassador.

Grateful acknowledgement is made to the following publications in which poems of this collection first appeared :

America, Pembroke Magazine, Midwest Poetry Review, Webster Review, Calliope, Connecticut River Review, Visions, irresistible impulse, Modern Poetry in Translation, American Poetry Anthology 84, Literary Olympians 1992, The Poem and the World, World Poetry (W.W. Norton) as well as Korean literary journals.

저자 소개

고창수는 한국문학번역상, 시문학상을 수상하였고 파키스탄에서 Bolan 국제문화상(시부문)을 수상함. 또한 주시애틀 총영사, 주이디오피아 대사, 주파키스탄 대사를 역임함.

이 시집에 수록된 영어 시는 *America, Pembroke Magazine, Midwest Poetry Review, Webster Review, Calliope, Connecticut River Review, Visions, irresistible impulse, Modern Poetry in Translation, American Poetry Anthology 84, The Poem and the World, Literary Olympians 1992, World Poetry* (W.W. Norton 출판사)등에 게재된 바 있음. 한글 시는 시문학, 월간문학, 문학과 창작, 현대시학 등에 실림.

Contents

차 례

Contents

II

차 례

17

I

제 1 부

At the Art Gallery

Do not think you are the only one in his perspective.
His falcon eyes capture many other things and motions,
fluttering wings at the fringes of speech.
See how he points at birds with glowing straws in their beaks,
how he devoutly receives hands emerging from the dark
as someone must receive our hands and faces at the other end of
  time.
His symbols are not idle, but ache with golden fire,
or give flight to scorched wings.
His imagery melts stone, ivory, and silver
as he turns, mixing and transforming shapes and colors.
His blurring panorama may miss details that transfix you
but reveals contours of meaning that elude you.
His eyes always reflect the flickering flames from his center.
Do not think they miss your stillness.
His gaze penetrates far beyond where there is only silence.

미술관에서

그의 시야視野에 당신만 있다고 생각지는 말라.
그의 매눈은 더 많은 것과 움직임을 포착한다.
언어의 언저리에 퍼덕이는 날개 같은 것.
번쩍이는 지푸라기를 부리에 물고 가는
새들을 가리키는 그를 보라.
시간의 저쪽 끝에서
우리의 손과 얼굴을 누가 정성스레 받아 주듯
어둠 속에서 나타나는 손을 경건하게 받는 그를 보라.
그의 상징은 헛되지 않으며
황금의 불꽃으로 진통하기도 한다.
그을은 형체와 빛깔을 섞고 변질시키는 동안
그의 심상心象은 동과 은과 상아를 녹인다.
그의 흔들리는 파노라마는
당신을 사로잡는 세부細部를 놓칠지 몰라도
당신이 놓치고 마는
희미한 윤곽은 드러내고 만다.
그의 눈은 그의 중심에서 흔들리는
불길을 늘 비춰 준다.
결코 당신의 고요를 놓치리라 생각지는 말라.
그의 눈길은 고요밖에 없는 곳을 지나
멀리 멀리 뚫고 간다.

In a Remote Korean Village

All autumn long,
the gingko tree in the garden,
like a peacock spreading its feathers,
showed off its golden leaves.
One day the gentle gardener,
standing on a branch in the center of the tree,
shook it with a strange passion.
Silhouetted against the sun,
the gardener looked like a shaman in trance.
The tree must have shed most of its leaves
into the center of the earth.
He had a strange smile on his face.

For many a day,
whether I listened to music or walked the streets,
the leaves fell endlessly
into the lost river of my existence.

한국의 시골 정원에서

가을 한동안
정원의 은행나무는
공작이 날개를 펴듯
찬란한 황금빛 잎을 펼치고 있었다.
늘 점잖던 정원사는 어느 날
은행나무 한가운데 큰 가지에 올라서서
망나니처럼 나무를 굴러대고 있었다.
햇볕을 등지고 실루엣의 정원사는
신들린 무당같이
지구의 중심에론듯
은행잎을 마구 떨어뜨리고 있었다.
정원사는 이상한 미소를 머금고 있었다.

그 이후로,
내가 음악을 듣고 있거나
거리를 걷고 있거나
검은 은행잎들은
내 존재의 어두운 심연으로
끝없이 떨어져 갔다.

At autumn's end the stiff boughs of the tree
spread over me like a spider-web.
A few leaves rustled in the wind;
The boughs shivered feebly against the overcast sky.
In the invisible wind,
a few birds perched on the boughs,
looking as if they would fly off any moment.

Winter winds blew;
The landscape changed with the snow's rhythm
and the tree began to dance with its dark boughs.
After a while,
the bare branches
glowed again with golden leaves.
I could not see the gardener anywhere.

가을이 끝날 무렵
검은 가지는 나의 의식에
거미줄처럼 퍼져 있었다.
은행나무에는
전화戰火에 탄 양철조각 같은 나뭇잎 몇 개와
검은 가지가 하늘을 배경으로 시들이 흔들렸다.
보이지 않는 바람결에
나무는 황량한 몸짓으로 나를 울렸다.
몇 마리 까치도 서글픈듯
언제라도 떠나갈 몸짓으로 가지에 앉아 있었다.

겨울 바람이 불고 눈이 내렸다.
눈의 리듬으로 풍경은 변하고
검은 가지의 나무는
은근히 춤을 추고 있었다.
이윽고
앙상하던 나뭇가지에는
황금빛 찬란한 은행잎이
가득히 빛나고 있었다.
정원사는 어디 갔는지 보이지 않았다.

The Surrealist's Diary

Shall I guide you gently
through green pasture and melodious meadow?
My heart is a blossom opening to your smile.
I wait for your voice
that smells of the Mediterranean summer.
Shall I guide you through a landscape
where hairy hands dripping with summer heat
reach for the ripe apples?
Shall I lead you through a landscape of jazz
and down the stream where trout leap?
Shall I invite you to till this darkness in these villages
where they tended their sheep
and defended their soil which promised no glory,
where the longing gazes withered on a dirt road?

초현실주의자의 일기

푸른 들과 가락스런 목장으로
당신을 정답게 인도할까나.
내 가슴은 당신의 미소를 향하여
열리는 꽃잎.
지중해의 여름 향기가 풍기는
당신의 목소리를 기다리노라.
한여름의 더위가 방울져 떨어지는
털이 난 손이 익은 사과를 따는
풍경 속으로 당신을 인도引導할까나.
재즈음악의 풍경을 지나
송어가 뛰는 개울을 따라 당신을 인도할까나.
아무런 영광도 기약도 없는 이 마을에서
양을 치고 땅을 지키던 이 마을에서
이 어둠을 가꾸자고 당신에게 권해 볼까나.
흙길 위에 그리움의 눈길이 시들어 버린
이 마을에서
이 어둠을 가꾸자고
당신에게 권해 볼까나.

On a Snowy Night

I and my shadow open the door
to footsteps in the snow leading into the dark forest.
The snow is blotting out our bearings and destinations.
The snowy center of the forest is open to me,
pulling me quietly like the gaze that once lured me into the
   dark.
The snow drifts across the Cromagnon epochs
and the Neanderthal mountain-ranges.
I can see no seasonal birds riding the icy stream of darkness
across the fragile membrane between dark and light.
But I can see the few faces glowing like charcoal
that I saw one day in a market-place by the Mediterranean
where our gazes were wet with the sea's depths.

눈오는 밤에

나와 내 그림자는 문을 열고
어둠의 숲속으로 나있는 발자국을 따라간다.
눈은 우리의 향방과 목적지를 지워버린다.
눈내리는 숲의 중심은 내게로 열려 있다.
언젠가 나를 어둠 속으로 유인한 일이 있는
그 시선처럼 나를 조용히 끌어당긴다.
눈은 크로마뇽 연대와
네안덴탈 산맥을 가로질러 불어 간다.
어둠의 살얼음 같은 여울을 타고
어둠과 빛 사이 엷은 막을 가로지르는
계절새는 보이지 않는다.
우리의 시선이 바다의 수심으로 젖어 있던
지중해 해변 저자에서
어느 날 내가 본 몇 사람의 얼굴이
숯불처럼 빛나고 있다.

The darkened woods like Robert Frost's forest
invite me to come in and lament.
The time that was moving like mountain shade stands still.

At last I reach a point beyond which no human voice can call
  me back.
I slowly lose my hold on the geography
with landmarks like the village tower and the post office
that firmly anchored me in my reality.
A dog's barking voice curls toward the lake
like the yearning for water
that has brought these sleeping residents near the lakeshore.

어둠에 싸인 숲은
로버트 프로스트의 숲처럼
나더러 들어와 통곡하자고 한다.
산 그림자처럼 움직이던 시간이
조용히 멎어 있다.

이윽고 나는
그 곳을 지나면 인간의 목소리로는
나를 도로 불러올 수 없는
그런 지점에 도달한다.
나를 내 현실 속으로
든든하게 닻을 내려주던
마을 탑이나 우체국 같은
이정표가 있는 지리地理를 잡고 있던
내 손아귀를 서서히 놓아 버린다.
개짓는 소리가 호수 쪽으로 굽어진다.
잠든 이들 주민들을
호수 근처로 이끌어 온
물에 대한 향수처럼.

A Visionary's Song

As I leave my bedroom,
the interrupted dream pursues me.
For sometime the dream encounters the daylight tensely.
Starlight still hovers over the images;
My face still reflects the hoarse voices;
My body smells of the marigold field.

My voice chokes with sunlight and bumblebees.
A lush mountain tree closing up to me
splashes dew over my face.
Shall I declare to the daylight
that every face I meet is deja-vu?
Shall I declare the bare feet shattering
the ceramic walls of my reality?

The tortured face of time haunts me.
Shall I part the moon or the river water
with these fingers frayed with fancies?

꿈꾸는 사람의 노래

내가 방을 나오면
반쯤 깬 꿈이 따라 나온다.
잠시 내 꿈은 햇빛과 팽팽히 맞선다.
별빛은 아직 그 심상心象 위에 어른거린다.
내 얼굴은 쉰 목소리를 아직 비추어 준다.
내 몸에서는 금잔화밭의 향기가 난다.

내 목소리는 햇빛과 꿀벌들로 목멘다.
풋풋한 나무 한 그루 내게 다가와
내 얼굴에 이슬을 뿌린다.
내가 만나는 얼굴은 모두 기시환각旣視幻覺이라고
선포할까나.
내 현실의 도자기 벽을 부수는
맨발들을 고발할까나.

시간의 일그러진 얼굴이 내게 출몰한다.
환상으로 일그러진 이 손가락으로
내가 가르는 것은
달빛일까 또는 강물일까?

To Marc Chagall

I want to define our relationship more clearly.
Though my human shape never cast any shadow on your life,
my glances often fed the flames of your candelabra.
The bare winter branches in your landscape
sometimes lit up with my pastels.
You sent through my nightmares your silent birds
dripping with burning pain,
and tempered my emotions.
Our relationship has been a metaphysical one, at least.
But this definition is pointless
like a mountain perspective overlooking human events.

The pursuing hands with seven fingers
dash frightened birds
against a thousand supplicating hands,
turning the sky into a thick dark,
sending a scream across the frozen corridor.
You took your reality from illusion,
but your reality finally eroded your illusion,
throwing you toothless onto a vacant lot.

마르끄 샤갈에게

우리의 관계를 더 명확히 헤아려 보고 싶다.
비록 나의 두 손이
당신의 시간 위에
그림자 한 쪽 던지지 못했다 해도
이따금 나의 눈길은
당신 그림 속 샨델리어 불길을 돋우어 주고
내 풍경 속 겨울 나뭇가지는
당신의 파스텔 빛깔로 밝아지기도 하였다.
당신은 나의 꿈 속에
고통으로 불타는 새들을 보내기도 하고,
우화의 빛깔은 내 마음을 식혀 주기도 하였다.
우리의 관계는 적어도 형이상학적이기는 하였다.
그러나 이러한 정의는 모두 덧없는 것
인간의 사건들을 내려다보는 어느 조감도와도 같이.

일곱 손가락의 손이
놀란 새들을 허공으로 던져 버린다.
하늘에서 빛은 사라지고
얼어붙은 골목에서 절규가 들린다.
당신은 현실을 환상에서 끌어냈지만
현실은 당신의 환상을 갉아먹고
당신을 바람부는 언덕에
이빨도 없는 채로 던져 버린다.

In the end I realize that
the lovely patches of your paint
were torn from your own despair.

드디어 나는 깨닫는다.
당신 그림 속 화사한 빛깔이
모두 절망에서 뜯어낸 것임을.

Camera in the Park

Alone, it stands on a tripod in the sun.
What happens inside it, on the other side
of the lens? Perhaps on the hillock a dog spews
cobalt skies, or a young green tree bleeds.
While wings flutter against the setting sun,
a mad painter's imaginary horses may stampede
across the wheat field. Or the landscapes
in my old movie-camera, the landscapes that long
for light and motion, stir quietly as summer.

공원 속 촬영기

햇볕 속에 촬영기가 홀로 삼각대 위에 있다.
렌즈의 저쪽 끝에서는
무엇이 일어나고 있을까?
산등성이에 개가 한 마리
푸른 하늘을 토해 내고
싱싱한 푸른 나무가 피흘리고 있을지도 모른다.
석양을 등지고 새의 날개가 퍼덕이는 가운데
정신분열증 화가의 환상의 소들이
보리밭을 몰려가는지도 모른다.
또는 내 낡은 사진기에 담아둔 풍경,
빛과 움직임을 갈구하던 그 풍경들이
여름 속에 조용히 솟는지도 모른다.

View from the Window

Morning.
A thousand pigeons fly into the riverside church,
and disappear in the space inside.
Boats on the river shove into my room,
flooding it with water and submarine light.

Afternoon.
In the deserted public park
an old man buries himself in Sunday papers.
Stray winds casually caress
the sun's rays sifting through the foliage.
And pigeons fondly linger about his feet,
pecking at the silvery sounds
from the nearby church's chimes.

Evening.
The lanterns in the public park
flicker on like poignant reminders.
I have seen airplanes desperately defying time,
chasing shadows that quickly devour
miles of land and town at a time.
But time here devoutly pauses
under the leafless trees.

창 밖을 내다보며

아침.
수천 마리 비둘기가 강변 교회 속으로 날아가 사라진다.
강을 지나는 배들은 내 방으로 밀려들어오면서
강물과 강바닥의 빛을 뿌린다.

오후.
인기척 없는 공원에는
노인이 한 사람 일요신문에 몸을 파묻는다.
길 잃은 바람이 나뭇잎 사이 햇살을 어루만진다.
비둘기들이 노인의 발치에 서성대며
인근 교회의 은빛 종소리를 쪼고 있다.

밤.
공원의 등불은
가슴 아픈 사연처럼 하나 둘 켜진다.
나는 본 일이 있다.
단번에 수십 리의 땅과 도시를 삼켜버리는
그림자를 쫓아가며
필사적으로 시간에 항거하는 비행기를 본 일이 있다.
그러나 여기 시간은
잎이 다 떨어진 나무 아래 다소곳이 멈춘다.

As I turn off the light,
irrelevant images fall among bare branches
like imaginary flower petals:
A woman drawing water out of a well
where golden light gushes out;
A thousand fish eyes staring in the dark,
dark wings fluttering in the dark.

내가 등불을 끌 때
빈 나뭇가지 사이에 엉뚱한 형상들이
가상공간의 꽃잎처럼 떨어진다.
금빛이 쏟아져 나오는 우물에서
여인이 번쩍이는 두레박을 끌어올리고
수천 마리 물고기의 눈이
어둠 속에 끔벅인다.
수천의 날개가 퍼덕인다.

By the Sea on a Winter Day

As I stand by the winter sea,
the wind moans among the rustling reeds,
and a black bird perches on the fringe of my day.
I can no longer see the waves,
or the sea that howled like a blind hunted beast,
the sea that was untiring as porpoises.
I can only see the sea that we would carry in our arms
or in some corner of our psyches.
I shout into the whirlpool of silence
by this winter sea.

겨울 바닷가에서

겨울 바닷가에 서면
서걱거리는 갈대 사이에
바람이 울고
검은 새 한 마리
내 하루의 변두리에 앉아 있다.
파도는 이제 보이지 않는다.
눈먼 짐승처럼 목놓아 울던 바다
돌고래처럼 지칠 줄 모르던 바다는
간데 없고
우리 가슴 근처
또는 영혼 어느 구석에
지니고 다니던 바다만 보인다.
겨울 바닷가에 서서
나는
회오리치는 고요 속으로
소리지른다.

By the River

As I enter the alley with a fruit vendor,
two men come up from the riverside
as in an over-exposed picture I took once by the river.
The moments they just left behind follow them closely.
I can almost hear someone calling them from behind.
Last summer was a ship under taut sails.
This summer I will make even more brilliant.
I' ll even let wings sprout from my shoulder-blades, and
let the flower grove send up bright blossoms.

강江가에서

과일장수가 서 있는 골목길에 들어서면
지나친 노출로 찍혀진
어느 날 강가의 사진에서처럼
장정 두 사람이 걸어 나온다.
그들 등 뒤에는
보일듯 보일듯
방금 두고 온 순간들이 따라오고 있다.
뒤에서 그들을 부르는
누군가의 목소리도 들릴 것 같다.
지난 여름은
돛을 팽팽하게 한
한숨 바람이었다.
올 여름은 더 찬란하게 하리라
내 겨드랑에 날개도 몇 개
퍼덕이게 하리라.

Yellow Butterflies

One autumn afternoon
my painter friend was drawing
a pair of butterfly wings
as if reaching for a forsaking hand,
as if reaching for a forsaking hand.
It was a painful task
to restore a pair of butterfly wings
from the dark.
It was a painful thing
to wring a butterfly's voice from the silence.
By and by the butterfly clung to his sleeves
as if clasping a forsaking hand,
as if clasping a forsaking hand.
It clung to his sleeves,
fluttering its wings steeped in the sunset.

노랑나비

어느 가을날
내 친구 화가는
노랑나비 하나를 그렸습니다.
어둠 속에서
한쌍의 노랑날개를
끄집어 내는 것은
힘겨운 일이었습니다.
고요 속에서
나비 울음을
끌어내는 것은
큰 아픔이었습니다.
이윽고 그 나비는
뿌리치는 손을 붙잡듯
뿌리치는 손을 붙잡듯
그의 옷깃에 매달렸습니다.
저녁 놀이 짙게 물든
날개를 퍼덕이며 매달렸습니다.

A Cat's Landscape

A cat's eyes
coldly perceive the landscape
from under a flower tree.

Cats' eyes hidden in the landscape
as in picture puzzles with hidden animals
look out here and there.

The cat's landscape
seen through the cat's-eye prism
and the sunset landscape reflected in my eyes
cross each other.

When the cat walks away,
the landscape quivers a little.

The landscape we have seen
and those we have never glimpsed
echo one another in the cat's eyes.

I review my day,
wondering how my day has looked in the cat's eyes.

고양이 풍경

꽃나무 아래에서
냉담하게 풍경을 파악하는
고양이의 눈

동물 찾기 그림처럼
풍경 속에 숨겨진 고양이 눈이
여기저기서 내다보고 있다.

고양이 눈의 프리즘을 통과한
고양이 풍경과
내 눈에 비친
석양 풍경이 교차한다.

고양이가 일어나 걸어갈 때
풍경이 조금씩 흔들린다.

우리가 보아온 풍경과
우리가 보지 못한 풍경이
고양이 눈 속에서
서로 메아리친다.

고양이 눈에
어떻게 비쳤을까
궁금해 하면서
나는 내 하루를
반추해 본다.

Surrealist's Wish

Let me cultivate a garden of voices,
a chorus of dreams dreamt in my tribal language.
Release this stoicism of silence
to pour out into a cacophony of singing,
spelling a glorious non-meaning.
Let me tend a grove of cicada songs
spreading over a seabed of starlight.

초현실주의자의 염원

빛나는 목소리의 정원을 하나 가꾸고 싶구나,
내 씨족의 사투리로 꾸는 꿈의 합창을.
이 고요의 금욕이 풀려서
불협화의 노래로 쏟아지게 하라.
찬란한 무의미를 쓰게 하라.
별빛의 해저海底에 퍼지는
매미노래의 숲을 가꿔보리라.

II

제 2 부

Cricket

The cricket chirping in the darkness
on an autumn evening
is departing.
Its voice shines brighter
as it reaches deeper into the dark.
At last loosed from time's cocoon,
it is setting out on a cool journey.

귀뚜라미

가을 밤
어둠 속에서 우는
귀뚜라미는
떠나고 있다.
어둠 깊이로 들어갈수록
밝아지는 그 소리로
떠나고 있다.
시간의 누에고치에서 빠져 나가
시원한 여행을 떠나고 있다.

The Man in the Field

A man stands in the field.
From within him a flame rises.
His face burns like charcoal.
As if drawn by his pointing finger,
A wild bird flies toward him.
Like the eyes of a cat
Who once peered into my room,
His eyes glow with strange radiance.
His eyes do not reflect the approaching wild birds
Or the deep blue sky.
Though the surrounding landscapes transform the flame
Soaring from within his inside,
This sunset time is entirely his own.
As if oblivious of his own raised hands,
He stands completely still.
The simmering heat seems to be
Upholding his body and mind.

들판의 사람

한 사람이 들판에 서 있습니다.
그 사람 속에서 불길이 솟아
얼굴이 숯불처럼 달아 있습니다.
그 사람이 가리키는 손가락에 끌린 듯
들새 한 마리
그 쪽으로 날아오고 있습니다.
어느 날 나의 방을 들여다보던
그 고양이의 두 눈처럼
그 사람의 눈이
말 못할 빛깔로 이글거리고 있습니다.
날아오는 검은 들새나
짙푸른 하늘을
그의 눈은 비추지 않습니다.
그의 내부에서 솟아오르는
그 불길을 주위가 변질시키고 있지만
지금 이 해질녘은
온전히 그의 것입니다.
위로 쳐든 자기 손도 잊은 듯
지금 그는
완전히 멎어 있습니다.
타오르는 열기가
그의 몸을 떠받치는 듯합니다.

The winds,
The tension between things, and
All other elements in the surrounding landscape
Seem to be revolving around him as the center.
At this moment his ears are deaf
To the simmering silence near and far.
At the sunset time
He looks completely altered,
Unlike any creature of this world.
Those sunbeams
That let the flowers bloom abundantly in the field
At this moment are unable to overpower his life.
The green trees in the field
That guided his life at one time
Are now submerged all alone in the deep skies.

바람이며
사물 사이의 긴장이며
온통 그의 주변이
그를 중심으로 돌고 있는 듯합니다.
멀리서 가까이서 들끓는 고요에도
지금 그의 귀는 멀어 있습니다.
해질녘 그는
이승의 사람 같지 않게
몰라보게 변해 있습니다.
들판에 꽃을 만발케 하는 저 햇볕도
지금 그의 목숨을 압도하지 못합니다.
한때 그의 목숨을 이끌어 주던
들판의 푸른 나무도 지금 외따로 하늘 깊이 잠겨 있습니다.

Silence

1

Each night we cultivate silence.
When a few dogs and a few moonbeams
follow a human sound
that resounds through our midnight darkness,
silence pricks its myriad ears.
When we are fast asleep and deaf to the world,
silence lets us hear someone's muffled weeping;
With a voice inaudible to man's ears
silence nurtures our sorrow.
Sometimes silence appears as an endless silver streak
moving slowly along the horizon
with a crescent moon above.

고요

1
밤마다 우리는 고요를 가꾼다.
한밤중 우리의 어둠을 울리며 가는
인기척을
개 몇 마리 별빛 몇 줄기 따라갈 때면
고요는
그 많은 귀를 곤두세워 듣는다.
우리가 잠이 깊어 귀가 멀었을 때
고요는
누군가의 목멘 울음을 조금 들려주기도 한다.
사람의 귀에는 들리지 않는 파장波長의
그런 목소리로
고요는 우리의 한恨을 키워 준다.
이따금 고요는
초생달 뜬 지평선 위에
끝없이 긴 은빛 줄기로 번쩍이며 간다.

2

Silence often shows its essence in rhythms pulsating
with voiceless brilliance;
Time and music revolve helplessly
around the silent icon
with inexplicable images in its center.
Our lamentations are echo-less in its domain.
Our words are often inadequate to contain authentic voices;
Silence sometimes shows us where man once stood
　　close to God.
Though music deletes our images of eternity,
silence points incandescent fingers
towards a place never located in our horoscope.
But silence still holds the drops of blood
a few migratory birds shed over our barley field
and the shadow of a lone bird dead against a wall.

2

고요는 가끔 그 정체를
빛 속에 맥박치는 리듬으로 나타낸다.
그 중심에 미지의 형상이 도사리고 있는
소리없는 우상 주위를
시간과 음악은 하염없이 돌아간다.
고요의 영역에서 우리의 한탄은 메아리가 없다.
우리의 말은 이따금 참된 목소리를 담기엔 마땅치 않으나
고요는 언젠가 사람이 신神 가까이 서 있던 곳을 보여 준다.
음악은 영원의 심상을 지워 버리지만
고요는 우리의 천궁도天宮圖에 나타난 일이 없는 곳을
백열白熱의 손가락으로 가리켜 준다.
그러나 고요는
들새가 우리의 보리밭에 떨어뜨리고 간 피방울
한겨울 담장에 부리를 대고 죽어 있는 외로운 들새의 그림자를
아직 간직하고 있다.

The Man and the Sea

The sea was alive in his eyes
like the eyes of a fish that had left the sea.
He pointed at the sea with rapt gestures.
The path he showed
followed the fish.
His hand, pointing at the sea,
was the fish proceeding to the distant sea,
the distant sea Shimchong had also traveled.
Even when the sea was dead
like the eyes of a fish that had left the sea,
his body glowed
with a hope that would fill all things.

사람과 바다

바다를 떠난 물고기의 눈처럼
바다는 그 사람의 눈 속에 살아 있었다.
그는 황홀한 몸짓으로 바다를 가리켰다.
그가 보여 주는 길은 물고기의 길을 따라갔다.
바다를 가리키는 그의 손은
물고기가 되어
먼 바다를 가고 있었다.
효녀 심청沈淸도 간 일이 있는
그 바다를 가고 있었다.
바다를 떠난 물고기의 눈처럼
바다가 죽어 있을 때에도
그의 몸은
모든 사물을 채우는 희망으로 빛났다.

Night Sky

The field of stars glittering through the night
watches over my dreams gently and coolly.
When I was suffering from a fever in childhood,
the numberless stars in the sky
went round and round gingerly,
converging to some center outside time.
Like the hands my mother would lay
on my forehead
the night sky calmed the bewilderment
of my fevered night.
When I look out the window
on nights like this,
something reaches me from the night sky;
something flows out from me toward the sky.

밤하늘

밤에 빛나는 별들의 벌판은
내 꿈을 시원히 지켜준다.
어려서 열병을 앓고 있을 때
하늘의 수많은 별들은
빙글빙글 돌면서
시간 밖 어느 중심으로 수렴하였다.
내 이마에 얹던 어머니의 손길처럼
밤하늘은 고열의 내 혼미昏迷를 진정시켜 주었다.
이런 밤에
창 밖을 내다보면
밤하늘로부터 내게 다가오는 것이 있다.
내 속에서 밤하늘로 흘러나가는 것이 있다.

Landscape

The landscape at times lets a bird fly away,
shedding blood drops among the foliage,
or lets a calf moo plaintively on a hill.
With its gentle breath
it sends away bright blossoms
and calls in honeybees and birds,
or gently guides sea-bound sailors to their endless voyage.
The landscape attracts things and creatures
with the irresistible force of its gravity,
and absorbs into its essence
laughter or glance, flame or flower.
This is just as sounds gravitate into silence.
The landscape quietly breathes, submerged in the sky.
As if pulled by some force beyond the horizon,
a strange bird draws an inexplicable parabola in the air.

풍경

풍경은 이따금
새 한 마리 숲속을 피홀리며 날아가게 하고
송아지 한 마리 구슬프게 언덕에서 울게 한다.
풍경은 그 점잖은 숨결로
밝은 꽃잎을 날려 보내고
꿀벌과 새를 불러들이기도 한다.
또는
바다로 향하는 뱃사람들을
끝없는 항해로 정답게 인도하기도 한다.
풍경은 사물을 거역할 수 없는 중력으로 끌어들이고
그 깊은 곳으로
웃음이나 눈길, 불꽃이나 꽃잎을 빨아들인다.
그것은 마치
소리가 고요 속으로 수렴하는 것과도 같다.
오늘 벌거벗은 풍경은
하늘에 잠겨 숨쉬고 있다.
지평선 저쪽 어떤 힘에 끌린 듯
새 한 마리 포물선을 하늘에 그린다.

Finally, a landscape melts inside me:
a commonplace and simple landscape;
A childhood landscape with a tree and a rock,
where I desperately called a name,
gradually melts away inside me.

드디어
하나의 풍경이 내 속에서 녹아 내린다.
일상적이고 단순한 풍경이
나무 하나 바위 몇 개 서 있는
어릴 때 풍경이
순아 순아 부르던
하나의 풍경이 녹아 내린다.

On Translating Korean Poetry

In Choyong's era,
the moon sailing in the stream
cleansed their incantations.
Under their incantations
bird cries and human songs were released
from time and space
like stream water at the sunset hour.
Their voice still reaches our inmost metaphor,
waking us to imagery beyond the human.
Their forlorn sorrow lets our poetry resemble a flower
incandescent in its flame.
Somewhere in the center or periphery of their language
there is metaphor our speech cannot grasp.

한국시 번역에 관하여

처용處容의 시대時代만 하여도
시냇물에 뜬 달은 그들의 주문呪文을 씻어 주었다.
그들의 주문으로 새와 벌레 소리는
석양의 시냇물처럼 시공時空에서 풀려났었다.
그들의 목소리는 아직 우리의 가장 은밀한 비유比喩에 닿아
인간을 넘어선 심상으로 우리를 일깨워 준다.
그들의 한恨은 우리의 시로 하여금
백열白熱의 불꽃을 지닌 꽃을 닮게 한다.
그들의 언어 가운데나 변두리엔
우리의 말이 잡을 수 없는 은유가 도사리고 있다.

Our heart aches for many a fine and fiery vision
that was brushed aside as irrelevant or irreverent.
Or the frenzied fantasies that did not survive kiln firing.
Let us revive the Silla bird as it looked
in Priest Wonhyo's eyes
or the view of the world in the eyes of the Korean poet
whose gaze was fixed beyond time and space.
Some words still retain the strange light
that fell where man once stood close to God.
Some words still hold the drops of blood
a few migratory birds shed over our barley field
and the shadow of a lone bird dead against a wall.

엉뚱하고 경망스럽다고 내버렸던
불길을 닮은 미묘한 환영과
숯가마의 불에 견디지 못한 황홀한 환상이
자못 아쉽다.
원효의 눈에 비치던 신라의 새나,
시공 너머만을 응시하던 한국 시인의 눈에 비친
세계의 모습을
되살려 보자.
어떤 낱말은
사람이 한때 하느님 가까이 섰던 곳에 떨어진
이상한 빛을 아직 간직하고 있다.
어떤 낱말은
우리의 보리밭 위를 날다가
들새가 흘리고 간 피 몇 방울, 또는
돌담에 기대어 죽은 외로운 들새의 그림자를
간직하고 있다.

All these words and images can still make us cry
with new and touching meaning.
Our point of view clings to obstinate desire;
If we but shift our perspective a little,
Silence becomes sound.
Let some melodies illuminate words our hands cannot reach
And let them fall into our incomprehension
As ecstasies dazzling our psyche.
Let some melody or silence release our suffocating inner imagery
To a vibrating cosmic panorama.
In the center
Let our word resemble a flower
Incandescent in its non-meaning.

Notes: 1) Choyong is a character in Korean mythology who, as the sea god's son, turned
into a man and served an ancient Korean king with his supernatural powers.
2) Silla is the name of an ancient Korean kingdom which lasted from the 1st to the
10th century AD.
3) Wonhyo was a famous Buddhist priest-scholar of the Silla kingdom.

이 모든 낱말과 모습들은 아직 우리를
새롭고 가슴아픈 의미로 울릴 수는 있다.
우리의 시각視角은 욕망에 집착하나
시각을 조금만 바꾸면
고요는 소리로 바뀔 수도 있다.
우리의 손이 닿지 못하는 낱말들을
그 무슨 가락으로 밝혀,
그 낱말이 우리의 무명無明 속에 떨어지게 하라.
우리의 넋을 눈부시게 하는 황홀로.
그 무슨 가락이나 고요가
우리 속의 답답한 심상을 흔들어
진동하는 우주의 파노라마로 풀려 나가게 하라.
그 중심이 백열의 무의미로 빛나는
꽃을 닮게 하라.

Joke about Culture

Our culture in its broadest sense largely determines:
Whether we practice monogamy, polygamy, or hierogamy
Whether our madness is schizophrenia, spirit-possession
    or psychedelic
Whether we love monologue, dialogue, or paradox
Whether our viewpoint is bird's-eye-view, fish-eye-view,
    or simply belle-vue
Whether we love logos, mythos, or chaos
Whether our music is monophony, polyphony or cacophony
Whether we dance clockwise, counter-clockwise or otherwise
Whether our rites of passage involve circumcision,
    circumambulation or bungee-jumping
Whether our god is anthropomorphic, cosmogonic, or binary
Whether we consider nature a friend, a foe or a dump
Whether our eschatology directs us to utopia, heaven or
    nirvana
Whether our suffering is lebenssmerz, infernal or samsara
Whether our time is linear, circular or recyclable
Whether we accommodate, exterminate or incorporate our
    opponents
Whether what really matters for our system is input, output or
    kaput
Whether our life is dominated by by-laws, in-laws or outlaws.

문화文化에 관한 농담

넓은 의미로 문화란 아래를 좌우한다.
일부일처제, 일부다처제 또는 신성神聖결혼을 하는지
정신병이 정신분열증, 귀신들림 또는 환각인지
독백, 대화 또는 역설을 선호하는지
관점이 조감鳥瞰, 어감魚瞰 또는 벨뷰(거리이름)인지
로고스, 미토스 또는 카오스를 좋아하는지
음악이 단선율, 다성 또는 불협화음인지
춤을 시계방향, 반시계방향 또는 다르게 추는지
통과의식이 할례割禮, 우회于廻 또는 번지점핑을 포함하는지
신이 인간형태, 우주적 또는 이원적二元的인지
자연을 우방, 적 또는 쓰레기통으로 보는지
종말론이 유토피아, 하늘나라 또는 니르바나로 이끄는지
고뇌가 인생고, 지옥 또는 사바세계 같은지
적수를 포옹, 제거 또는 흡입하는지
체제를 좌우하는 것이 입력, 출력 또는 고장인지
일생이 법령, 친척 또는 불법자에 의하여 좌우되는지를.

What the Spider Said

1

I know the nightingale drinks her own blood
And sings herself to death.
I hang leisurely onto my filament
Through the center of the cosmos.

2

My night's dream shapes my day;
My day shapes my dream.
The hands I take by day
Become fluttering bird-wings in my dream.

3

Though my filament is raven,
My inside is all gold.

4

By this filament that I draw out of
The universe's womb,
I hang in the middle of time-space;
I am a consummate trapeze-artist.

5

I produce my filaments out of silence.
My whole purpose is to meditate completely on the silence.

거미가 한 말

1
꾀꼬리는 제 피를 마시며
울다가 죽는 것을 알고 있다.
나는 우주의 중심을 꿰뚫는 내 거미줄에
한가로이 매달려 있다.

2
내 밤의 꿈은 내 낮을 형상짓고
내 낮은 내 꿈을 형상짓는다.
낮에 내가 잡는 손은
꿈 속에선
퍼덕이는 새의 날개가 된다.

3
비록 내 거미줄은 검지만,
내 속은 찬란한 순금이다.

4
우주의 자궁 속에서 내가 끌어내는
이 거미줄을 거머쥐고
나는 시공의 중심에 매달려 있다.
나는 더 없는 공중곡예사이다.

5
나는 고요 속에서 내 거미줄을 만들어낸다.
최종목표는 그 고요를 완벽하게 명상하는 데 있다.

6

With my authentic filament
I link my center with that of the universe;
In my eyes
The universe is so neatly geometrical.
My ultimate aim is to consummate that vital link.

7

I seem to grasp the real motives of
The mountain-climbers.

8

My strength is my clear vision.
If only I could penetrate the universe
With my clear vision,
The final choice would lie in my hands.

9

If you watch carefully my filaments and webs,
You will realize that
The life-cycle begins and ends in the womb.

10

Make no mistake:
What moves is time,
Like the birds and even my filament.
It moves out of eternity,
Returning there in the end.

6
내 진짜 거미줄로
내 중심을 우주의 중심과 연결시킨다.
내 눈에 우주는 순수한 기하학적 모형이다.
내 최종목표는 그 고리를 완성함에 있다.

7
이제 산악인들의 심정을 알 것 같다.

8
투명한 시력이 나의 장점이다.
내 맑은 시력으로 우주를 뚫어볼 수만 있다면
최종결정권은 내 손에 있게 된다.

9
내 거미줄을 세밀히 관찰한다면
존재의 순환이 자궁 속에서 시작되어
자궁 속에서 끝남을 깨닫게 될 것이다.

10
착각하지 말라.
움직이는 것은 시간이다.
저 새들이나 심지어 내 거미줄처럼.
시간은 영원에서 나갔다가
끝내 그 곳으로 돌아간다.

11
I hear the voices of life and death
With equal clarity:
I am balanced between life and death.

12
I know the splendours of the landscape I watch
Are only mirror-images of my mindscape.

13
You are a non-entity
Unless you fit into my classifications.

14
Though I do not utter any voice,
You will hear clear voices in your ears.
Though I make no faces,
You will see my intensely focused eyes
Burning into your being.

15
I arrange and rearrange reality
In my fool-proof webs,
Making everything visible from my perspective.
Look, with what authority I order and command
The elements to conform to my grammar!

11
내게는 삶과 죽음의 목소리가
똑같이 똑똑히 들려온다.
나는 삶과 죽음 사이에 균형을 잡은 셈이다.

12
내가 바라보는 풍경의 찬란함은
내 마음 속 풍경의 그림자에 지나지 않음을 알고 있다.

13
내 분류법에 들어맞지 않는 한
당신은 보잘것없는 존재일 뿐이다.

14
내가 목소리를 내지 않아도
당신의 귀에는 맑은 목소리가 들릴 것이오.
내가 얼굴을 찡그리지 않아도
강렬하게 초점이 맞춰진 내 눈이
당신의 존재 속으로 타 들어가는 것이
보일 것이다.

15
나는 어김없이 내 거미줄 속에
현실을 배치하고 재배치하여
모든 것이 내 시계視界 속에 보이게 한다.
세상 모든 것이 내 어법語法에 맞도록
내가 의젓하게 지휘통솔하는 것을 보라.

16
Fireflies blind to the maze or logic of my idiom
Stray into my web
To be transfixed in the focus of my absolute power.

17
Instinct supersedes reality in my realm.
All my life-force shines through my eyes
To embody my reality,
Nay, to create my reality.

16
내 어법의 미로迷路나 논리를 모르는 하루살이들은
내 그물에 걸려들어와서
내 절대권력의 초점 속에 잡혀버리고 만다.

17
내 영역에서 본능은 현실에 우선한다.
내 생명력이 모두 내 눈을 통하여 빛나면서
내 현실에 형태를 준다.
아니 내 현실을 만들어 낸다.

What Priest Wonhyo Said to a Poet

I
On my way back from the interrupted journey
The mountains were pointing fingers
Stretching towards the heavens.
The birds were prolonged incantations
Flashing through a forest of myriad mirrors.
Wonhyo the priest was nowhere to be found.
I was a bundle of burning womb memories and tomb agonies.

My pilgrimage to that place turned out to be
My journey back to my own ecstasy
In a village with fluttering kites and a suffering people.
Back in my country
the ripe fruit and the calling voices set fire to my soul.
As I entered my hometown,
The Anap Pond reflected my skeleton,
Making me drink from my own skull.
My flesh pointed its fingers at a wind-swept cliff
With the wild ocean of Avidya roaring below.
The sight scared me to death.
I roamed the deserted streets of my hometown,
Gripping my own skull, calling Princess Yosuk's name.

원효대사元曉大師가 시인詩人에게 한 말

I
그 곳으로 가는 도중 중단했던 여행에서 돌아올 때,
산들은 구천으로 뻗어가는 손가락이었다. 새들은
무수한 거울이 담겨 있는 숲 속에서 번쩍이는 긴 주문이었다.
원효는 간 데 없고 나는 자궁 속 기억과 무덤의 공포로 타는
한낱 불길에 지나지 않았다.

그 곳으로의 내 순례는 결국 퍼덕이는 연들과 고통에 시달리는
사람들이 있는 내 마을의 삼매경으로 돌아오는 여행이었다.
고향에서는 무르익은 과일과 부르는 목소리가
내 혼령에 불을 붙였다. 내가 고향에 돌아왔을 때,
안압지는 내 잔해를 비추고 나로 하여금 내 해골 물을
마시게 하였다. 내 살과 뼈는 그 손가락으로 바람부는
절벽을 가리켜 주었다. 절벽 아래에는 무명無明의 바다가
포효하였다. 나는 겁에 질려 있었다. 내 손에 내 해골을
거머쥐고 요석공주의 이름을 부르며, 고향의 인기척없는
거리를 헤맸다.

Under the capital's bright moon
I make merry late into the night.
Back in my bedroom
I see four legs.
Two belong to me.
Whose are the other two?
What was mine in the beginning
Has been taken by force.[1]

It has taken more than a hundred volumes of
My Buddhist commentary
To allay my fear and agony.

새발 발기다래
밤드리 노니다가
드러아 자리 보곤
가라리 네히어라
둘흔 내해였고
둘흔 뉘해언고
본대 내해다마란
아사날 엇디하릿고[1]

이 공포와 번뇌를 풀기 위해 나는 백 권의 불교 주해서를
썼다.

II

My poems indeed were written
On the shifting winds of samsara.
The stream water was a vital source
Of my visions and inspirations.
I buried all my words in my dreams.
I buried all my dreams in the streams.

I had a mortal distrust of words.
Words were inane paraphrasing that led nowhere.
Language offers poetry
But falls short of illumination;
Language needs its own purification.
Words are stumbling blocks
That block your way to the Void.

All my strivings at communication
Produce inadequate metaphors and parables.
Words do not touch your vision or experience.
Words do not reach your mind.
Your words prevent you from hearing the true voice,
As music prevents other voices or silence
From touching your mind.

Spare your words,
They are often poisonous.
Beware of fancy-mongering
Lest they call you a fancy-mongerer,
Lest your fancies invoke monsters.

II

나는 사바세계에 밀려가는 바람에 내 시를 뿌렸다.
시냇물은 나에게 시력과 영감을 보내 주었다.
나는 내 말을 모두 내 꿈 속에 묻어 버렸다. 내 꿈을 모두
시냇물 속에 묻어 버렸다.

나는 말을 지극히 불신하였다.
말이란 쓸모없는 말풀이에 지나지 않았다.
말은 우리에게 시를 주지만
도에 이르지는 못한다.
말은 자기정화自己淨化가 필요하기 때문이다.
말이란 공空에 이르는 당신의 길을 가로막는
장애물에 지나지 않는다.

무엇을 전하려는 내 노력은 격에 맞지 않는
은유와 우화를 낳을 뿐이다.
말은 당신의 시력이나 경험에 닿지 못한다.
말은 결코 당신의 마음에 도달하지 못한다.
말은 당신이 참된 목소리를 듣지 못하게 한다.
마치 음악이 다른 목소리나 고요가 당신 마음에
닿지 못하게 하듯.

말은 결코 함부로 써서는 안 된다.
말은 독을 품고 있다.
환상은 조심스럽게 지어내야 한다.
자칫하면 사람들이 당신을 환쟁이로 부를 수도 있다.
당신이 만든 환상이 도깨비를 불러낼 수도 있다.

But alas! language is our only possession.
It was in my tribal dialect after all
That I uttered my most ardent prayers.
Some words indicate
Where man once stood close to the Void.
Some words show
The trees scorched by strange light.
Cultivate your words
With the devotion of an archer.

Words cling to my darkened ceiling
Upside down like spider-bats,
Croaking all night through.
Your words, once they leave you,
Are no longer your own.
They belong to the whirling cosmic echoes.
Sharpen your imagination faithfully,
Let it venture outside time-space.

그러나 말은 우리의 유일한 유산
나는 끝내 내 사투리로
내 가장 뜨거운 기도를 하였다.
어떤 말은 사람이 공空 가까이 섰던 곳을 가리켜 준다.
어떤 말은 이상한 빛에 타버린 나무를 가리켜 준다.
당신의 말을 늘 연마하라.
활쏘는 사람의 정성으로 말을 연마하라.

말은 캄캄한 내 집 천정에
박쥐처럼 거꾸로 매달려 밤새 울기도 한다.
당신에게서 떠나고 나면
당신의 말도 이미 당신 것이 아니다.
당신의 말은 소용돌이치는 우주의
메아리에 섞이고 만다.
그러나 당신의 상상력을 열심히 연마하라.
당신의 상상력이 시공 밖을 탐색토록 하라.

III

Your delusions are truly ridiculous.
You can hear only sounds of certain contours
But are deaf to other sounds and silences.
Ignorance beclouds your eyes
And muddles your pond.
Ignorance is an endless source of joy and suffering.
Ignorance has no face or shape.
Your form must have flesh and voice.
Your mind is attuned to shape and colour.
Your mind cannot imagine or grasp anything
That has no shape or colour.
But you must escape from form and shape.
True form will free you
From earth, water, fire and wind.
Earth, water, fire and wind are yours in the end.
Your mind is part of the cosmic mind.
Your mind is a flame kindled from the cosmic flame.

III

당신의 망상은 참으로 어처구니없다.
당신은 어떤 모양의 소리만을 듣고
다른 소리와 고요에는 귀가 멀어 있다.
미망迷妄은 당신의 눈을 어둡게 하고
당신의 연못을 흐리게 한다.
미망은 기쁨과 괴로움을 끝없이 낳는다.
미망은 얼굴이나 형태가 없다.
당신의 형태는 살과 뼈가 필요하다.
당신의 형태는 살과 목소리가 필요하다.
당신의 마음은 형태와 빛깔에 집착하기에
형태와 빛깔이 없는 것은 생각하지도 알지도 못한다.
당신은 형태와 빛깔에서 헤어나야 한다.
참다운 형태는 당신을 불, 물, 바람과 흙에서
해방시킬 것이다.
불, 물, 바람과 흙은 결국 당신의 것이 된다.
당신의 마음은 우주의 마음의 일부이고
당신의 마음은 우주의 불꽃에서 따온 불꽃이다.

Once you surveyed the Silla land
Through the gold bracelet placed by Queen Sondok
On the breast of sleeping Jikyu.
The Silla folks watched from the Chumsungdae observatory
The blazing heavens
And the transmigrating nirvana and samsara.
The birds that my eyes beheld
Are the same birds you watch from day to day
Circling over the village, or crossing the river.
Only my birds utter shrill incantations,
And throw no shadow on your land.

Nirvana is samsara, samsara is nirvana.
Light and dark are not separate;
Pain and pleasure run through your time-space
As they run through mine.
Presence and absence are not separate.
They kindle their flame from each other.
You are a tight-rope dancer.
You link a moment to a precarious moment
With dazzling agility.
But if you can really choose,
You can merge your moment with your eternity and mine.

당신은 언젠가
잠자는 지귀志鬼의 가슴에 선덕여왕이 얹어 주었던
그 금팔지로 신라땅을 헤아린 일도 있지만,
신라 사람들은
첨성대에서 불타는 도솔천과
전생轉生하는 열반과 사바를 바라보았다.
내 눈에 비친 그 새들은
당신이 매양 보는 그 새들이지만,
다만 나의 새는 날카로운 소리로 주문을 외고
당신의 땅 위에 그림자를 던지지 않는다.

열반 곧 사바, 사바 곧 열반
빛과 어둠은 다른 것이 아니다.
기쁨과 아픔은 다 같이
당신의 시공과 나의 시공에 퍼져 있다.
있음과 없음은 서로 다른 것이 아니고
서로에게서 불꽃을 붙여 온다.
당신은 허공에서 밧줄을 타는 곡예사,
불안한 순간과 순간을 눈부시게 재빨리 잇고 있다.
그러나 당신이 참으로 선택할 수만 있다면
당신의 그 순간을 당신의 무궁과
나의 무궁으로 연결시킬 수도 있다.

IV
When I turned back from my attachment to things,
Truth stood there in the eerie light,
Staring me in the face,
Sending a shiver down my spine.

Your life is a ripple in an ocean.
But it' s an integral part of the ocean
From which it comes and to which it returns.
This is the best image I can offer you.
True imagery will determine the course of your journey.
There is a fatal misconception on your part.
Continuity is not in the nature of things.
It' s only your clingingness,
Your wishful thinking.
Cultivate your love and humility
With all your heart.
Learn to love your own karma
And that of your fellow men.
With your eyes of solitude
Raise the flames of your existence.

IV

그날 내가 사물에의 집착에서 돌아섰을 때,
진여眞如는 섬뜩한 불빛 속에 서서
나를 쳐다보며 등줄기에 소름끼치게 하였다.

당신의 목숨은 대해의 한낱 파도 같은 것
그러나 뗄 수 없는 바다의 일부분이다.
그 곳에서 와서 그 곳으로 가는 일부분이다.
이것이 고작 내가 들 수 있는 비유이다.
참다운 비유는 당신의 여정旅程을 좌우할 것이다.
당신의 생각은 어처구니없는 착각 속을 헤맨다.
지속이란 사물의 본질에는 어긋나는 것이다.
이 착각은 단지 당신의 집착과
헛된 바람 때문이다.
당신의 사랑과 궁휼을 지성至誠으로 연마하라.
자신의 업보와 동포의 업보를 사랑하라.
당신의 고독의 눈망울로
존재의 불꽃을 돋우어라.

In your home village
Till the darkness with all your heart and soul.
Only through extinction can extinction be mastered.
Presence and absence go hand in hand.
Honour both at the same time.
Abandon thoughts of attainment.
There is no attainment
As there is nothing to be attained.
Take your cup, offer your cup
With utmost devotion.
It may be your last cup in this life.
Your whole purpose here is to fulfil your karma.
The essential thing is to make up your mind.
Concentrate on here and now.
In your moment shines your eternity.

The moon casts its light in the stream,
The stream casts its light in the moon.
You hold the truth in your hand,
But you cannot see it!

Notes:

1) This is a Hyanga poem of Silla Dynasty.
2) Silla was an old Korean kingdom which lasted from around the 1st to the 10th century AD and saw a golden age of Korean culture and arts. Wonhyo was a Buddhist scholar-priest who lived in the 7th century during the Silla kingdom. He wrote more than a hundred books on Buddhist philosophy and theology, and was widely known throughout East Asia. Legend has it that, while traveling to China, one evening he drank water from a bowl in a countryside hut. The following morning he found that he had drunk rainwater contained in a human skull, an incident that is said to have given him an enlightening experience. Thereupon he returned home.
3) The poem does not necessarily correspond with historical facts.

고향 마을에서
지성으로 그 어둠을 가꾸어라.
소멸을 통해서만
소멸은 극복할 수 있다.
있음과 없음은 서로 따라다닌다.
있음과 없음을 똑같이 존중하라.
무지역무득無知亦無得
의무소득고依無所得故
갖은 정성을 다하여
당신의 잔을 들고, 잔을 권하라.
이승에서 주어진 마지막 잔일지도 모르니.
당신이 여기 온 것은
업보業報를 다하는 데 있다.
참으로 중요한 것은 결단을 내리는 일이다.
지금과 여기에 몰두하라
당신의 찰나 속에 영겁이 빛나고 있으니.

달은 그 빛을 시냇물 속에 던진다.
시냇물은 그 빛을 달 속에 던진다.
당신은 손에 진리를 쥐고 있으나
보지는 못한다.

주: 1) 신라향가 "처용가處容歌"의 한글번역문 전문
　　2) 시의 내용은 역사적 사실과 반듯이 일치하지는 않음.

Ocean-liner

Slowly the ocean-liner
Moves in dreamy motion
As if an island were shifting ground,
Weary of its fixed gravity.

Like a baby whale coming for milk,
The pilot boat comes near,
Snuggles the ship for a while
And then reluctantly moves away,
Leaving the island on the sea.

A little hurt despite its elegance,
The ocean liner struggles over the boundary
Between affection and disowning
And gradually travels into memory.

여객선

여객선은
느릿느릿
꿈 속처럼
움직여 간다.
고정된 중력에 못내 지쳐서
섬이 하나 자리를 옮기듯.

젖을 달라고 다가오는
새끼고래처럼
수로안내선이 하나
가까이 와서
여객선에 잠시 다가 붙었다가
마지못해 떨어져 간다.
섬을 바다 위에 그대로 두고서.

몸맵시는 우아하지만
상심한 여객선은
애정과 포기의 경계선을 힘겹게 넘어서
추억 속으로 서서히 사라진다.

Word Fantasy

I
Like the wind that shines among the foliage
Words cast their shadows on our psyche,
Shadows that cannot be erased by any wings.
Some words cling like indelible shadows of bats.
We often see blood-stained faces of words
Looking in our window.
Some words pain us like the stream
That burns in the twilight.
The tortured face of time haunts our words.
Sometimes we hear time's voice from words,
Sometimes words are scorched with time's radiance.
Time eludes our words, distorting their referents
Beyond any possible illumination.
Words disfigure our faces
Half thrust outside time.
Words send dark, desperate cries
Down a landscape with unheeding men and beasts
And houses filled with darkness and smoke.

말의 환상幻想

I

나뭇잎 사이에 번쩍이는 바람처럼
낱말은 그림자를 우리의 심혼에 던진다.
어떤 날개로도 지울 수 없는 그림자를 던진다.
지울 수 없는 박쥐의 그림자처럼
우리의 심혼에 매달린다.
이따금 낱말의 피묻은 얼굴이
창문으로 들여다본다.
어떤 말은 석양에 빛나는 시냇물처럼
우리를 아프게 한다.
시간의 일그러진 얼굴이
우리의 말에 언뜻 비친다.
말은 이따금 섬뜩한 시간의 목소리를 낸다.
시간은 우리의 말을 비뚤게 하고
말의 대상으로 하여금
무명無明으로 지워지게 한다.
말은 시공 밖으로 반쯤 내민
우리의 얼굴을 일그러지게 한다.
말은 캄캄한 절규를
사람과 짐승들이 무심히 서성거리고
연기와 어둠이 가득찬 폐가廢家가 서 있는
그런 풍경 속으로 보낸다.

All night long
We erase words etched on our eyes,
Our bosom and our psyche.
Some words glow like the deep wounds in our soul.

II
Words cannot contain authentic voices;
We find no approaching birds where the word points.
Sometimes silence directs us to a place
Where man once stood close to God.
But when the silence settles,
A voice rises in radiance.
Words cannot fathom or describe our infinite fall,
Words cannot tell us that our fall is endless
Unlike that of flying birds.
Agonizing words glitter in our sleeping eyes,
In our waking eyes.
We strive for clarity and precision in our definition.
But when this aim is attained entirely,
There is no place for our own voice.

밤새 우리는
우리 눈에, 가슴에, 심혼에 새겨진
낱말들을 지운다.
어떤 말은 우리 영혼의 깊은 상처처럼
빛난다.

II
낱말은 참된 목소리를 간직하지 못한다.
말이 가리키는 곳에
우리가 기다리는 새는 날아오지 않는다.
때론 말을 잃은 고요가 그 백열白熱의 손가락으로
사람이 한때 신 가까이 있던 곳을 가리킨다.
그러나 고요가 가라앉으면
그 어둠 속에 목소리가 하나 번쩍이며 일어난다.
말은 우리의 끝없는 추락을
재지도 그리지도 못한다.
말은 우리의 추락이
날아가는 새의 추락과는 달리
한없는 것임을 일러 주지 못한다.
우리의 잠든 눈에, 깨어있는 눈에
애타는 말은 번쩍거린다.
우리는 말의 뜻을 분명히 하려 애쓰나
그 목적이 이루어질 때
우리의 목소리는 쓸모가 없어진다.

III

Some words allow us to grasp more concretely
Our own sorrow we mostly fail to perceive.
Though words cannot prevent our endless fall into time-space
They can uphold us tentatively
As our prayers can assist in the ascent of the soul
Riding on the imagery of man-made golden birds.
Though words cannot prevent our endless fall,
Words still hold the drops of blood
A few migratory birds shed over our field
And the shadow of a lone bird dead against a wall.
The moon sailing the stream cleanses your incantation.
Under your incantation
Bird cries and insect songs are released from time
Like stream water at the sunset hour.
Your incantation reaches our inmost metaphors,
Waking us to imagery beyond the human.
As a voice of ecstasy shines out of the bird' s darkened bosom,
Our ecstasy strikes the chords of eternity for awhile.

III
어떤 낱말은 우리가 흔히 깨닫지 못하는
우리의 슬픔을 볼 수 있게 한다.
말은 시공 속으로 떨어지는
우리의 추락을 막지 못하지만
우리를 잠시 잡아 줄 수는 있다.
마치 사람의 기도가
사람이 금으로 만든 새의 모습을 하고
영혼이 승천하는 것을 도와 줄 수 있듯이.
말은 우리의 끝없는 추락을 막지 못하나
보리밭 위를 날면서 들새가 떨어뜨리고 간
핏방울이나
벽에 기대어 죽어 있는 외로운 새의 그림자를
아직 간직하고 있다.
시냇물에 흐르는 달은 당신의 주문을 씻어 준다.
당신의 주문으로 하여
새와 벌레 소리는
해질녘 시냇물처럼 시공에서 풀려난다.
당신의 주문은 우리의 가장 그윽한 은유에 닿아
인간을 넘어선 모습으로 우리를 일깨워 준다.
새들의 캄캄한 가슴에서
황홀의 목소리가 빛나오듯
우리의 황홀은 영원의 심금을 잠시 흔들어 준다.

Your incantation lets our poetry resemble a flower
Incandescent in its flame.
Your incantation ventures out beyond our borders
To bring back some celestial or prenatal imagery.
Through your incantation
We achieve a release from the dark inner captivity
Framed by our tribal dialect.
We live our daily moments, fascinated secretly
With the panorama of events
That revolves before a drowning man's eyes.
We have a vague notion that our best moments
Are often those to which we pay least attention
Such as a breeze in the summer heat,
Or an anonymous voice touching our ears in the dusk.
Somewhere in the center or periphery of our language
There is imagery our words cannot grasp.
It is our mind's obsession with visible continuity
That refuses to see the link from word to word.
Our mind refuses to see the workings of unseen forces
As when your word shines in my face.
Though our words cannot describe their own decay,
They often contain voices of those gone long since
And those yet to come.

당신의 주문은 우리의 시로 하여금
백열의 불꽃으로 흔들리는 꽃을 닮게 한다.
당신의 주문은 우리의 지평선 너머에서
우리가 두고 온 어느 하늘의 심상들을 가져다 준다.
당신의 주문으로 하여
우리는 씨족의 말로 묶인
캄캄한 우리 속의 속박에서 벗어난다.
익사자의 눈 앞에 스쳐 간다는
일생의 사건들에 은근히 심취하여
우리는 그날그날의 순간들을 산다.
우리의 가장 뜻깊은 순간이
우리가 등한시한 순간들임을 깨닫는다.
한여름 더위 속 산들바람이나
어둠 속에 귀에 와 닿는 이름모를 목소리 같이.
우리 말의 중심이나 변두리에는
말이 파악 못하는 모습들이 도사리고 있다.
우리 마음은 눈에 보이는 영속에만 집착하여
말과 말 사이 보이지 않는 연속은 보지 못한다.
당신의 말소리가 내 얼굴에 빛날 때　같은
눈에 보이지 않는 것의 작용을
우리의 마음은 보지 못한다.
낱말은 스스로의 붕괴를 표현하지 못하나
오래 전에 떠난 사람과
언젠가 올 사람들의 목소리를 간직한다.

IV

Let us cultivate words
With the ardor and disinterest of one
Who peers into the evening sky
For a few fluttering wings
And the fisherman casting his fishing line
Over the cliff of his world.
Let us not despair totally;
There remains enough abstraction to inspire us,
There remain the fluttering wings of butterflies
Rapt in soaring into the cobalt skies.
All these words and images can still make us cry
With new and touching meaning.
Our point of view clings to obstinate desire;
If we but shift our perspective a little,
Goings often become comings.
Let some melodies illuminate the words hanging in our trees.

IV

저녁 하늘을 응시하며
몇 쌍의 퍼덕이는 날개를 찾는 사람이나
세계의 절벽 너머로
낚시를 던지는 어부처럼
열심히, 그러나 담담한 마음으로
우리의 말을 가꾸어 보자.
아주 절망하지는 말자.
우리를 신명나게 할 추상抽象은 아직 남아 있다.
코발트색 하늘로 황홀히 날아오르던
노랑나비의 퍼덕이는 날개는
아직 남아 있다.
이 모든 낱말과 모습은
새로운 감동과 의미로써 우리를 울릴 수는 있다.
우리의 시각은 악착스런 욕망에 매달려 있으나
시각을 조금만 바꾸면
가는 일은 오는 일이 될 수도 있다.
어떤 가락이든
나무에 매달린 낱말들을 밝히게 하라.

Let some melodies illuminate words our hands cannot reach
And let them fall into our incomprehension
As ecstasies dazzling our soul.
Let some melody or silence release our suffocating inner
  imagery
To a vibrating cosmic panorama.
In the center
Let our word resemble a flower
Incandescent in its non-meaning.

어떤 가락이든
우리 손에 닿지 않는 낱말들을 밝혀,
심혼을 눈부시게 하는 황홀로
우리의 무명 속에 떨어지게 하라.
어떤 가락이나 고요가
숨막히는 우리 내부의 모습들을 풀어 주어
진동하는 우주의 파노라마로 트여 나가게 하라.
우리의 낱말이
그 한가운데서 작열하는
무의미의 꽃을 닮게 하라.

Mohenjo-Daro

I
When we land on your airport, Mohenjo-Daro,
You sit there in such enigmatic silence.
Mohenjo-Daro,
You are a cosmic event
Forfeited by man for long, stifling centuries.
Oblivion in your calculus
Is equal to facing off to the timeless.
At the very center of your mystery
We fail to perceive any presence
As in the storm's eyes
We fail to encounter any winds.
We have always defined your being
With the cliches of human polemics.
In truth you have existed outside our time-space.
Yet you have existed in the dark recesses of our being
Like our primordial collective memory,
Assailing us with flashes of ecstasy and pain.
Out of desperation
You built your forts and temples high and towering,
In your hubris defying and aspiring to the divine.
Your plans were shrewd indeed.
The tolling bells deflected our shadows
And distorted our music.

모헨조다로

I
우리가 그대의 공항에 착륙할 때마다
그대는 알 수 없는 고요 속에 웅크리고 있다.
모헨조다로여!
그대는 길고 숨막히는 몇 천년 동안
인간이 포기한 우주적 사건事件이다.
그대의 미적분으로 헤아리면
망각이란 영원으로 눈길을 돌리는 것과도 같다.
그대 신비의 한가운데에는
태풍의 중심에서 폭풍을 만날 수 없듯
어떤 존재도 느낄 수 없다.
우리는 늘 인간적 논쟁의 상투어로
그대의 존재를 정의해 왔다.
실은 그대는 우리의 시공 밖에 존재하였다.
그러나 그대는 우리 존재의 캄캄한 심연에 도사린
원초적 집단기억처럼
우리 존재의 캄캄한 심층에 살면서
황홀한 고통의 섬광으로 우리에게 다가왔다.
초조한 나머지,
그대는 성곽과 사원을 하늘 높이 세우고
인간적 오만으로 신의 경지를 거역하면서도 그리워하였다.
그대의 계획은 참으로 음흉하였다.
울리는 종소리는 우리의 그림자를 구불게 하고
우리의 음악을 왜곡하였다.

121

The tolling bells warped our time-space
And our motions and emotions.
You designed with your music and incantation
To bring down the birds from the skies
And scorch the wings of human hubris.
Towards the end your collapse was fast and furious,
Helpless before the winds and sandstorms
  from another world.
Your absence illumines our being,
Your absence reverberates through our myriad mirrors.
The dreams that tormented you
Fashioned the contours and episodes
  of your days and nights.
Your fishing nets caught the fish of phantasmagoria.
Fish was a stop-motion of your earthly visions.
You fished for the clues to the ultimate universe,
  your own tomb.
Your cities were built towards that destination.
The structure of your architecture faced
Towards death, where it culminated.
For centuries thunderbolts have beaten and insulted you.
Lightning and flood have transgressed your territory.
You have mutely borne the mortal insults.
You have mutely endured nature's vagaries and ignominies.
Your hubris has been castigated severely over and over again.
Your darkness is still fresh and primordial.
Your metaphors still relate flesh to bone, bone to soul,

울리는 종소리는 우리의 시공을 휘게 하고
우리의 동작과 감정을 휘게 하였다.
그대는 노래와 주문으로
창공에서 새들을 끌어내리고
인간 오만의 날개를 태워 버릴 음모를 꾸몄다.
종말에 가까워지면서 그대의 몰락은 빠르고 걷잡을 수 없었다.
다른 세계로부터 닥치는 폭풍과 모래바람 앞에 어쩔 줄을 몰랐다.
그대의 부재不在는 우리의 존재를 밝혀 주고,
그대의 부재는 우리의 수만개 거울 속에 울려퍼졌다.
그대를 괴롭히던 꿈들은
그대의 낮과 밤의 윤곽과 사연들을 만들어냈다.
그대의 그물은 환상의 물고기를 낚았다.
물고기는 그대의 세속적 환상의 찰나였다.
그대의 무덤인 궁극적 우주의 단서를 잡으려고
그대는 그물을 던졌다.
그대의 도시들은 그 목적지를 향하여 세워졌다.
그대의 건축의 구조는 죽음을 향했고
그 곳에서 완성되었다.
몇 천년 동안 번개는 그대를 때리고 능욕하였다.
번개와 홍수는 그대의 영역을 침범하였다.
그대는 이 필사적 굴욕을 묵묵히 참아왔다.
그대는 자연의 변덕과 굴욕을 묵묵히 견디어 왔다.
그대의 오만은 거듭거듭 혹독한 징벌을 받았다.
그대의 어둠은 아직 싱싱하고 원초적이다.
그대의 은유는 아직 살과 뼈를, 뼈와 혼을 이어 준다.

Showing us the evanescent deer of the alchemists
That linked a moment to another far-flung moment.
We still hear your remote voice
In the fossil skeletons and the Indus script
That refuse to be deciphered.
You still resist the gravity
That pulls down beast, man and hero
Even from the heights of their triumph.
Time together with space creates architecture
But your architecture remains outside our time-space
Like mirages of some ancient apocalypse.
Rivers roam and rise, sink and soar;
Darkness surges and submerges
All through cracks in your eternity.
Even from time's perspective which is ours,
The mirages of your death can still be seen
    by our mind's eyes.
Your real shape can still be discerned
Through the bricks seeped in salt.
You speak through the ecstatic songs of
    the whirling dervishes
And the lamentations of the despairing
And gesture through their ecstatic and agonizing visions
    and voices.

그리하여 무한히 멀리 떨어져 있는 순간과 순간을 이어 주는
연금술사들의 눈 앞에 어른거리던
그 노루를 우리 눈앞에 보여 준다.
우리는 아직도
풀리지 않는 뼈의 화석과 인더스 문자文字 속에서
그대의 머나먼 목소리를 듣는다.
짐승과 사람과 영웅들을
그들 개선의 절정에서도 끌어내리는 인력을
그대는 아직도 저항하고 있다.
시간은 공간과 더불어 건축을 만들어 낸다.
그러나 그대의 건축은 먼 옛날의 어떤 계시처럼
우리의 시공 밖에 있다.
강물은 방황하고 분출하기도 하며
침몰하고 솟아오르기도 한다.
어둠은 솟기도 하고 침잠하기도 한다.
그러나 모두 다 그대 영원의 틈새를 통하여
부침할 뿐이다.
우리의 전유물인 시간의 시각에서 보아도
그대 종언의 신기루는
아직도 우리의 심안心眼에 보인다.
그대의 참모습은 아직도
소금이 스며있는 벽돌을 통하여 보인다.
빙빙 돌면서 춤추는 탁발승과
절망하는 사람들의 비탄을 통하여
그대는 말을 하고,
그들의 황홀하고 고뇌하는 환상과 목소리를 통하여
그대는 손짓을 한다.

You look through their eyes and speak
Through the mouths of the shepherds grazing the sheep.
You enchant through the raga and qawwali of the poets.
You show your finger-prints in your undeciphered
   pictograms.
Your eternity resonates through our time,
Your eternity whistles in the rigging of our existence.

그대는 그들의 눈을 통하여 바라보고
양을 치는 목동의 입을 통하여 말을 한다.
그대는 시인들의 라가raga 타령과 카발리qawwali 가곡을 통하여
사람을 황홀케 한다.
그대는 풀 수 없는 상형문자 속에
그대의 지문指紋을 보여 준다.
그대의 영원은 우리의 시간 속에 울려 퍼지고
그대의 영원은 우리 존재의 돛대에 윙윙거린다.

II
Mohenjo-Daro,
Your inhabitants always returned from the splendours
   Of the market-place
To the groans and tossings of their dreams
Facing the dread streams
While the stars and moon dizzily converged
Towards a center outside their time-space.
Death flashes through life as darkness through light.
The flashes cannot reach into your life.
Eternity flashes through time;
Darkness flashes through light,
Though the flashes cannot reach into your life.
Only prayer and ritual can bridge that chasm,
The infinite chasm
That separates one moment from another moment.
Only prayer can unite the living and the dead.

Mohenjo-Daro,
Earthworms of time-space crawl across the shrunk
   time-space of your mind.
The moment that falls down a million fathoms of
   time-space
Gives glimpses of the timeless.
Your myths are corridors leading to the timeless.
We hanker after myths,
Myths that are corridors leading to the timeless.
We hanker after the mystery,
The mystery that opens a door
To another, ultimate existence.

Ⅱ
모헨조다로여!
그대의 주민들은 시장의 찬란함에서
무서운 흐름을 대면해야 하는
그들의 꿈 속 신음과 뒤침으로 늘 돌아왔다.
뒤숭숭한 별과 달이 그들 시공 밖의
어떤 중심을 향하여 수렴하는 사이에
어둠이 빛을 통하여 번쩍이듯
죽음은 생명을 통하여 번쩍인다.
하지만 그 번쩍임은 그대 목숨에 닿지 못한다.
영원은 시간을 통하여 번쩍이고
어둠은 빛을 통하여 번쩍이지만
결코 그대 목숨 안에 와 닿지 못한다.
기도와 의식만이 그 간격을 메울 수 있다.
한 찰나를 다른 찰나로부터 분리시키는
그 무한한 간격을 메울 수 있다.
기도만이 산 자와 죽은 자를 결합할 수 있다.

모헨조다로여!
그대 마음의 축소된 시공을
시공의 지렁이가 가로질러 기어가고 있다.
수만리 시공을 떨어지는 찰나는
영겁을 언뜻언뜻 보여 준다.
그대의 신화는 영원으로 인도하는 회랑廻廊이다.
우리는 모두 신화를 열망한다.
또 다른 궁극적 존재에로 문을 열어 주는 신비를 열망한다.

We still suffer from the same darkness and ecstasy.
The stars still revolve around your absence.

The Indus river was the earth' s milk
Sparkling with the crystals of eternity.
As it flowed along with time-space,
The Indus linked moments to moments
Which were eons apart from one to another,
Healing the sickness of your time-space.
All the watersheds of the Indus
Cry out in the dark for unfulfilled time-space.
Water was the blood of your life.
Water ran through the umbilical cords of your time-space.
Water inspired and sustained your most esoteric rituals.
Water cleansed your meditations and incantations.
Water needs constant purification.

Your presence is a compass
That gathers our dispersed mystery,
The mercuris that bewitched the alchemists,
The mystery of silver turning into gold.
The fleeting deer of the alchemists
Which enslaved their souls and visions
Linked the moment to another far-flung moment
As they linked iron to silver, silver to gold,
Giving glimpses of the timeless.
Your urgent screams
Stream down the streams of our dreams.

우리는 아직도 같은 어둠과 절망에 시달리고 있다.
별들은 아직도 그대의 부재 주위를 맴돌고 있다.

인더스강은 영원의 수정水晶으로 번득이는
지구의 젖이다.
시공과 함께 흘러가는 동안
인더스강은 서로에게서 무한히 떨어져 있는
찰나와 찰나를 이어주면서
그대 시공의 병을 치유해 주었다.
인더스강의 모든 분수령은 어둠 속에서
아직 이루지 못한 시공을 절규한다.
물은 그대 생명을 이어주는 피였다.
물은 그대 시공의 탯줄에 흘렀다.
물은 그대의 가장 밀교적 의식密敎的 儀式을 자극하고 키워 주었다.
물은 그대의 명상과 주문을 맑게 씻어 주었다.
물은 늘 정화되어야 한다.

그대 존재는 우리의 흩어진 신비를 모아주는 나침반이다.
그대 존재는 연금술사들을 사로잡던 그 환상의 노루,
은을 금으로 만드는 그런 신비이다.
그들의 혼과 환영을 사로잡던
연금술사들의 사라지는 그 노루는
서로에게서 멀리 떨어져 있는 찰나들을 이어 주었다.
마치 그들이 철과 은, 은과 금을 연결시키면서
영원의 모습을 보여 주었듯.
그대의 다급한 절규는
우리 꿈의 흐름을 따라 흘러내린다.

Our maddening visions
Shatter in myriad mirrors of delusion.
The fish that swam in your streams
Often swim in our dreams of ancestral voices.
Memories fade and renew
Memories fail and heal
The fish-scales that flashed in your dreams
Often flash in our streams.
Memories fade and renew
Memories fail and heal.
Your rocks still resound with dream music;
Oblivion is a glimpse back to the timeless.
We still hear your remote voice
In the limestone figurines and the Indus script
That refuse to be deciphered.
Human rhetoric is helplessly oblivious
Of the mystery of being and un-being.
We cannot decipher your pictograms,
The messages you meant for our eyes.
Just as you could not decipher your own codes.
Your enigmatic pictograms are the microscope that
Almost brings into sight the imagery of the mystery.
They are a lens given for us to see through your time-space
And ponder your mystery.

우리들 광란의 환영은
수억 개 무명의 거울 속에 부서진다.
그대 강물 속에 스쳐가던 물고기는 종종
우리 조상의 목소리가 흐르는 꿈 속을 스쳐 간다.
기억은 지워지기도 하고 새로워지기도 하며
추억은 병들기도 하고 치유되기도 한다.
그대 꿈에 번쩍이던 물고기 비늘은
때때로 우리 꿈 속에 번쩍인다.
그대의 바위는 아직도 꿈의 음악으로 울려 퍼진다.
망각이란 결국 영원을 뒤돌아보는 눈길이다.
우리는 아직도 풀리지 않는 형상들과
인더스 상형문자 속에서 그대의 머나먼 목소리를 듣는다.
인간의 수사학은 존재하고 또한 존재하지 않게 되는
그러한 신비를 망각하고 있다.
우리는 우리 눈으로 보라고
그대가 보내준 전갈인
그대 상형문자를 풀어볼 수 없다.
마치 그대가 자신의 암호를 풀지 못했듯이
그대의 수수께끼 상형문자는
그대 신비의 모습을 언뜻 보여 주는
현미경이다.
그것은 우리가 그대 시공을 뚫어보고
그대 신비를 명상하도록
우리에게 그대가 준 렌즈이다.

You offer us these undeciphered pictograms
To peep through history and beyond,
And blindly rejoice and despair, which is the essence
   of our being.
Your pictograms are your warped tongues
To pronounce an alien message
Or to puzzle us into an illumination of some kind.
The moth seeks the flames
For an ultimate ecstasy.
Your poets fell to poetry to eternize flames of man' s life.
They often proceeded through trance to a fatal fall,
Forging and linking the far-flung moments to eternity;
Laying the bricks, drawing up water
And fanning the flames of metaphor in their darkest rooms.
Most of the clandestine rituals
Were acts of journey directed to a common apocalypse.

그대는 이 풀 수 없는 상형문자를
우리에게 주어
역사와 그 너머까지
우리가 바라보도록 해 준다.
그리하여 우리 존재가 늘 그렇듯
맹목적으로 기뻐하고 절망하도록 한다.
그대의 상형문자는 이방異邦의 전갈을 전해 주든지
우리를 어리둥절케 하여
어떤 깨달음에 이르게 하기 위한
그대의 휘어진 혀이다.
하루살이는 종국終局의 황홀을 찾아
불길에 달려든다. 그대 시인들은 시에 사로잡혀 인간 생명의
불꽃을 영구화하려고 애썼다.
그들은 종종 실신하여
필사의 벼랑 아래로 떨어지고
아득히 떨어져 있는 찰나들을 용해시켜
영원으로 연결하였다.
벽돌을 쌓고 물을 길어올리며
그들 캄캄한 방에서 은유의 불길을 피어 올렸다.
밀교의식은 흔히
공통의 계시를 향한 여정이었다.

III

You once gripped a handful of starlight
And threw it into the dark.
Your voice still resounds through your time-space and ours.
That was your intended music and non-music.
Your light still glares in our visions.
Potsherds and skeletons
Lie strewn over your ruins.
Mute animal hands thrust out of your silence.
Your faces and places pictured on the mud homes
And sandstone domes,
Faces and places eternally moving forward
Toward unknown and undesignated destinations
In the brain, in the memories and through time-space
In your undecipherable pictograms and figurines
Memories of the future and the visions of the past
Men and women of your towns locked in eternal embraces
The narratives of your towns and the eulogies of your
    villages
Flow down our broken but infallible tribal memories.
Your often gibberish feverish dreams and
The gibberish of your feverish nightmares
Flow down our broken but infallible tribal dreams.

III

그대는 별빛 한줌을 집어
어둠 속에 던졌다.
그대 목소리는 아직 그대 시공과 우리 시공에 울려 퍼진다.
그것은 그대가 의도한 바 음악이자 비음악이다.
그대의 빛은 아직 우리의 시력에 번쩍인다.
토기 조각과 뼈의 화석은 그대 폐허 위에 깔려 있다.
말 못하는 동물의 손이 그대 침묵 속에서 튀어 나온다.
진흙 집과 사암砂岩 천정에 그려진
그대 얼굴과 장소는
지정할 수 없는 미지의 목적지를 향하여
영원히 움직여 나아가고 있다.
뇌 속에, 기억 속에, 시공을 통하여
그대의 풀리지 않는 상형문자와 조각들 속에
미래에 관한 기억과 과거에 대한 환상
그대 도시의 남녀들은 영원한 포옹을 하고 있다.
뇌 속 우주 속에, 꿈 속 우주 속에
빙빙 돌며 춤추는 탁발승들처럼
물 속에, 창공 속에, 별들 사이에 빙글빙글 돌면서
미래에 관한 기억과 과거에 대한 환상
그대 도시의 남녀들은 영원한 포옹을 하고 있다.
그대 마을의 서사시와
그대 마을의 칭송은
단절된 그러나 어김없는 우리 종족의 기억을 따라 흘러간다.
그대의 알아볼 수 없는 열띤 꿈과
그대 열병 같은 악몽 속 중얼거림은
우리의 단절된 그러나 어김없는 종족의 꿈 속을 흘러내린다.

IV
Mohenjo-Daro,
Your fabulously designed streets and aqueducts were
Blue-prints for future triumphs and calamities.
Your architects turned their wayward fancies and frenzies
Into the geometry of your civilization.
They acted out their worldview over your town's layout.
We take over your narratives
As we take over your dreams and nightmares,
Often interrupted and fragmented.
We take over your legacies of inexplicable dream
   and sorrow.
Your debris flow down the streams of our collective
   memory.
So we take over from your poets
The interrupted, broken stories they wove on your looms,
To carry on their narratives.
This is the meaning of myth and history.
We draw our drinking water from your dried wells.
Water and fire nourish and punish civilizations.
Plunder is often the pride of power and glory.
Let your eternal dead shift from granite gaze
Back to the flames of time-space
Alive with vision and voice, greed and grace.

IV

모헨조다로여!

그대의 기막히게 설계된 도로와 수로는

미래의 승리와 재난의 설계도였다.

그대의 설계자들은 그들 기상천외의 환상과 광란을

그대 문명의 기하학으로 전환하였다.

그들의 세계관을 그대 도시의 구조 위에 실현시켰다.

종종 끊기고 짤린 그대의 꿈과 악몽을 물려받듯,

우리는 그대의 서사시를 물려받는다.

해명할 길 없는 그대의 꿈과 비탄의 유산을

우리는 물려받는다.

그대의 조각들은 우리의 집단기억의 강물을 흘러내린다.

그리하여 우리는 그대의 시인들에게

그대의 물레에서 그들이 짠

끊기고 깨어진 이야기들을 이어받아

그들의 서사시를 이어간다.

이는 바로 신화와 역사가 지닌 의미이다.

우리는 그대의 마른 우물에서 마실 물을 퍼올린다.

물과 불은 문명을 키우고 처벌한다.

약탈은 종종 권력과 영광의 자랑거리다.

그대의 영영 죽은 자들을 화강암의 응시에서 일깨워

환상과 목소리, 탐욕과 은혜가 살아있는

시공의 불길 속으로 시선을 돌리게 하라.

For our groping, fumbling hands
You offer your undecipherable pictograms and figurines.
Your cults and rituals led your inhabitants
From womb to tomb, from cave to nave.
The whole purpose of your being
Was to become privy
To your ultimate failure and fall.

You have not missed much, Mohenjo-Daro,
The light and dark that prevailed through your inner
    chambers
Still resound through our inner spaces.
Having returned from your inmost spaces,
The orange trees, the apple blossoms
And the grazing sheep
Still illumine your outer spaces.
Rise again, Mohenjo-Daro, in the wilderness of
    our time-space
Like fossil dinosaurs
And snarl like the mammoth beasts
From your caves of silence.
Doze again, Mohenjo-Daro, for another millennium
Before we come to any truly human conclusion.
For thousands of years
Your granite eyes
Gazed at the granite firmament.
Let us wait another millennium;
The real meaning of the past and the present
Lies in the future.

우리의 더듬는 손에
그대는 풀리지 않는 상형문자와 조각을 쥐어 준다.
그대의 종교와 의식은 그대의 주민들을
자궁에서 무덤으로, 동굴에서 성당으로 이끌어 주었다.
그대 존재의 유일한 목적은
궁극적 패배와 붕괴를 그대 스스로 은밀히 알도록 하는 데 있었다.

모헨조다로여!
그동안 그대는 놓친 것이 별로 많지 않다.
그대 내부의 방들에 퍼지던 빛과 어둠은
아직 우리 내부의 공간에서 울리고 있다.
그대의 가장 깊은 내부의 공간에서 돌아온
귤나무와 사과꽃과 풀을 먹는 양들은
아직도 그대의 외부 공간을 밝히고 있다.
모헨조다로여!
화석의 공룡처럼
우리 시공의 황야에서 다시 일어서라.
일어서서 그대 침묵의 동굴에서
거대한 야수처럼 포효하여 보아라.
모헨조다로여!
우리가 참으로 인간적인 결론에 도달하기 전에
한 천년을 더 졸아 보아라.
수천년이나
그대 화강암의 눈은 화강암의 창공을 응시하였다.
우리 모두 한 천년을 더 기다려 보자.
과거와 현재의 참뜻은 미래 속에 있다.

Mohenjo-Daro,
We celebrate and glorify the day
When man first looked at the world
Through your eyes.
We celebrate the day when man first recognized
His own heartbeat as cosmic pulses.
We are here to cultivate our love for
Darkness and ignorance.
We are here to cultivate your light and darkness
In your most secret places.
We are here to meditate on our sole heritage,
The mystery of being and un-being.
The geography of your towns,
Your skeletons and water-mills
All move towards some benevolent end
As our hands and faces move
Towards some benevolent hands that will receive them
At the end of time.
The figurines, the dancing girls and the priests,
Your architecture and your pained absence
All alike are moving towards a still valid end.

모헨조다로여!
우리는 처음으로 사람이 그대의 눈으로
세상을 바라본 날을
기념하고 송축한다.
우리는 사람이 처음으로
제 심장의 고동이 우주의 맥박임을
깨달은 날을 송축한다.
우리는 지금 여기서
어둠과 무명에 대한 우리의 사랑을 가꾸러 왔다.
우리는 그대의 가장 비밀한 곳에서
그대의 빛과 어둠을 가꾸러 이 곳에 왔다.
우리의 유일한 유산인, 있고 없음의 이 신비를 명상하려고
이 곳에 왔다.
마치 우리의 손과 얼굴이
시간이 끝나는 날 그들을 받아줄
어떤 자비로운 손길을 향하여 움직여 가듯
그대 도시의 지리와
그대의 화석 뼈와 물레방아들은 모두
어떤 자비로운 목적지를 향하여 가고 있다.
조각들과 춤추는 소녀와 사제司祭,
그대 건축물과 그대의 아픈 부재는 모두
아직 유효한 그런 종말을 향하여 움직여 가고 있다.

Between Sound and Silence
소리와 고요 사이

펴낸날 / 2000년 12월 15일 1판 1쇄 발행
지은이 / 고창수
펴낸이 / 함기만
펴낸곳 / (주) **한림출판사**
주소 / 서울특별시 종로구 관철동 13-13
등록 / 1963.1.18. 제1-443호
전화 / (02) 735-7551~4
팩스 / (02) 730-5149, 8192
E-mail / hollym@chollian.net
Homepage / www.hollym.co.kr
ISBN 1-56591-155-5 90000